AF339779

27
Ln. 10743.

ÉTUDE CHRONOLOGIQUE

SUR

JEAN DE LA BRUYÈRE,

TRÉSORIER DE FRANCE

AU BUREAU DES FINANCES DE CAEN;

Par M. Eug. CHATEL,

ANCIEN ÉLÈVE PENSIONNAIRE DE L'ÉCOLE DES CHARTES,
ARCHIVISTE DU CALVADOS.

Εἰ μὴ φυλάσσεις μικρ', ἀπολεῖς τὰ μείζονα.

MÉNANDRE.

Parva quidem, sed sine quibus magna non possunt consistere.

QUINTILIEN.

<table>
<tr><td align="center">CAEN,
CHEZ A. HARDEL, IMPRIMEUR,
Rue Froide, 2.</td><td align="center">PARIS,
CHEZ DURAND,
Rue des Grès, 5.</td></tr>
</table>

1861.

1862

L²⁷m 10743

Extrait du IIe. volume du Bulletin de la Société des Antiquaires de Normandie. — 3e. livraison.

ÉTUDE CHRONOLOGIQUE

SUR

JEAN DE LA BRUYÈRE.

Εἰ μὴ φυλάσσεις μίκρ᾽, ἀπολεῖς τὰ μείζονα.

MÉNANDRE.

Parvá quidem, sed sine quibus magna non possunt consistere.

QUINTILIEN.

Notre collègue et confrère, M. Georges Mancel, prépare depuis deux ans, avec un soin et une patience de bibliophile émérite, une édition des *Caractères* (1).

Désireux d'ajouter des faits inconnus, de rectifier les dates inexactes, de fixer les dates flottantes, de compléter enfin, autant que possible, la biographie si peu connue du plus discret des auteurs français, M. G. Mancel nous pria de chercher si nos archives départementales ne renfermeraient pas des documents relatifs à Jean de La Bruyère.

On savait, en effet, que Jean de La Bruyère avait

---

(1) Cette excellente édition vient de paraître en août 1864. — M. G. Mancel a loyalement reconnu, dans ses notes, que c'était à nos recherches, faites à son intention, qu'il devait les détails tout nouveaux que contient sa substantielle notice. — Notre travail, terminé en 1860, ne paraît que bien tardivement, par des motifs indépendants de notr volonté.

acheté un office de *conseiller du roi , trésorier de France, général des finances* en la généralité et au bureau de Caen. M. Walkenaër avait, grâce aux recherches de notre savant maître, M. Natalis de Wailly, constaté que Jean de La Bruyère possédait cet office en 1677 et en 1679, comme l'atteste une quittance de cette date. Mais voilà tout ce que l'on savait ; quant à la date de son entrée en possession dudit office, à la durée de ses fonctions et à l'époque où il les résigna, tout était livré à l'incertitude des conjectures.

Notre premier soin fut de réunir et de classer tous les registres et dossiers du *Bureau des finances* au nombre de plus de 600 , puis de nous informer de la date de la naissance de Jean de La Bruyère, afin de circonscrire le champ de nos investigations; mais une première difficulté nous arrêta dès le début; car la plus vague indécision règne à cet égard chez tous les biographes et les éditeurs de La Bruyère, et rend cette date flottante entre huit années, de 1639 à 1647. En effet, *Moréri* et *Suard* le font naître en 1639 ; *Auger* le répète d'après la fausse indication inscrite dans le cadre d'un portrait de notre auteur, gravé en 1720 par Bernard Picard et dont l'exergue contient trois erreurs en deux lignes :

« Jean de La Bruyère, de l'Académie française, né en 1639 , mort à Versailles, le 10 août 1696, à l'âge de 57 ans. »

Nous relèverons ces inexactitudes sur la date de sa naissance, le mois de sa mort et sur son âge. Mais poursuivons le bilan des erreurs.

D'Olivet (1) et Mme. de Genlis (2) le font naître en

(1) *Histoire de l'Académie française*, t. II, p. 327.
(2) Édition des *Caractères* de 1812.

1644, à Dourdan ou près de Dourdan, que J. Delille (1), plus en poète qu'en géographe, place en Normandie.

MM. Walkenaër et Destailleur, auxquels s'adjoignait M. G. Mancel, guidés par une critique plus sagace et plus judicieuse, se rapprochent de la vérité en le faisant naître en 1646.

Nous crûmes toutefois convenable de tenir compte de la plus ancienne de ces dates, afin de nous diriger dans nos recherches. Sachant, d'un autre côté, que la condition d'âge pour obtenir un office de trésorier de France exigeait que le postulant eût au moins vingt-cinq ans, nous nous mîmes à compulser feuillet par feuillet les registres et dossiers du Bureau des finances depuis l'année 1664. Ce ne fut qu'à la date de dix années postérieures, au 22 septembre 1674, dans un registre d'*enregistrement* et dans un registre des *délibérations et ordonnances*, que nous trouvâmes les dates de l'achat de l'office de trésorier par Jean de La Bruyère, qui, par acte notarié le 23 novembre 1673, achète la démission de M. Joseph Mélezeau, renonçant en sa faveur audit office qu'il avait levé, le 28 mars 1672, à la mort de M. Pierre Roussel, dernier titulaire.

Le 27 mars 1674, Jean de La Bruyère payait au trésorier général du marc d'or des ordres et revenus casuels du roi la somme de 1,296 livres, pour les droits et marc d'or de l'office de *conseiller du roi, trésorier de France, général des finances* au bureau de Caen; — le 29 mars, Louis XIV conférait, par lettres-patentes, ledit office à Jean de La Bruyère, « moyennant qu'il ait été au préa- « lable procédé par les gens de nos comptes à l'examen « des bonnes vie, mœurs, conversation et relligion ca-

<hr>

(1) *Biographie universelle*, article J. DE LA BRUYÈRE.

« tholique, apostolique et romaine, et *âge requis* par nos ordonnances. »

- Cette condition d'âge nous fit espérer de trouver, dans le rapport de l'information faite à cet effet, les renseignements précis et les dates certaines, dont l'exactitude n'est encore établie nulle part.

Nous avons lu et relu, avec tout le soin qu'inspire le vif désir de découvrir ce qui n'a pas encore été découvert, le procès-verbal de la réception de Jean de La Bruyère, admis le 22 septembre 1664 au serment, et installé comme trésorier au *Bureau des finances* de Caen, avec jouissance des droits, priviléges et prérogatives, à partir du 1er janvier 1674; mais nulle part nous ne vîmes indiqués ni le lieu ni la date de la naissance de Jean de La Bruyère.

Nous avons pensé que les registres de la *Chambre des Comptes* de Rouen compléteraient les renseignements insuffisants que nous avaient donnés les registres du *Bureau des finances* de Caen; et la correspondance qui s'établit avec notre confrère et ami, M. Charles de Beaurepaire, archiviste de la Seine-Inférieure, et M. Gosselin, l'obligeant commis-principal du greffe de la Cour impériale de Rouen, eut pour résultat de constater que l'*information* sur l'âge, la vie et les mœurs, etc. de Jean de La Bruyère eut effectivement lieu le 11 septembre; que le rapport en avait été fait par M° Robert, conseiller-maître; mais que ce document manquait; qu'en admettant que l'enquête ait été faite à la *Chambre des Aides*, une solution de continuité d'une dizaine d'années dans les registres de cette Chambre rendait impossible la constatation demandée.

Nous n'en donnons pas moins communication d'un extrait du plumitif de la *Chambre des Comptes*, déposé aux archives de la Seine-Inférieure, relatif à la réception et au serment de Jean de La Bruyère, qui *harangua, en langue française*, Messieurs de la Cour. » Ce fut neuf jours après, c'est-à-dire le 22 septembre 1674, que le nouveau trésorier vint prêter serment au *Bureau des finances* de Caen avec jouissance, avons-nous dit, de tous ses droits depuis le 1er janvier précédent.

Cette date de 1674, une fois bien établie, nous servit de point de départ pour en fixer d'autres. Nous nous rappelions quelques-unes des pensées de l'auteur des *Caractères*, et pensions pouvoir appliquer au nouveau trésorier, comme règles de sa conduite, les maximes suivantes de son livre :

« Nous devons travailler à nous rendre très-dignes
« de quelque *employ*; le reste ne nous regarde point,
« c'est l'affaire des autres. »

« Le bon esprit nous découvre notre *devoir*, notre
« engagement à le faire. »

Et cette troisième : « Un honnête homme se paie par
« ses mains de l'application qu'il a à son *devoir*, par
« le *plaisir qu'il sent* à le faire, et se désintéresse sur les
« éloges, de l'estime et de la reconnaissance qui lui
« manquent quelquefois. »

Le plaisir que Jean de La Bruyère sentait à faire son devoir devait être assez peu vif, à en juger par sa continuelle abstention, puisque, malgré tout le soin avec lequel nous avons vérifié les listes de présence des trésoriers (qui se trouvent inscrits en marge au début de chaque séance, depuis 1634), nous n'avons vu figurer nulle part le nom de l'auteur des *Caractères*; sa présence n'est signalée ni aux séances ordinaires, ni aux extraordinaires, ni aux chevauchées trimestrielles, ni même à la fin des registres des *Estats au vray*, que révisaient les trésoriers. Jamais il ne prit part aux délibérations : les registres l'attestent par leur absolu silence à son endroit. Nous en avons dû conclure que notre trésorier jouissait, indépendamment des droits et bénéfices de son office, du privilége, accordé à quelques-uns des trésoriers de chaque bureau, de n'être pas astreints aux charges et devoirs de l'office dont ils avaient les droits et priviléges (1).

Cette absence totale du nom de La Bruyère sur les registres confirme une assertion de Suard, et détruit l'hypothèse de Walkenaër, conjecturant à tort que ce n'était que postérieurement à cette époque (1674), et seulement après 1679, que notre moraliste « eût été « placé près de M. le Duc pour lui montrer l'histoire. Il « fallait, ajoute-t-il, que la famille de La Bruyère eût « essuyé quelque revers de fortune, pour que notre « auteur, qui en était l'aîné, consentît à échanger une « position aussi honorable que celle de *trésorier de* « *France* contre la place de gentilhomme à la suite d'un « prince, avec 3,000 écus d'appointements. » —Mais Jean de La Bruyère n'échange nullement sa place de gentil-homme-enseignant contre son office de trésorier : il garde l'un et accepte l'autre. Son office lui rapportait 2,348 livres 10 sous, il y ajoute les 3,000 écus de sa place chez M. le Duc : rien de plus simple.

On a beaucoup parlé du désintéressement de notre

(1) Le *Traité des droits honorifiques* de Mareschal, Simon et Danty, t. I, p. 243, dit, à l'occasion des préséances des trésoriers de France qui comptent parmi leurs droits celui de marcher immédiatement après le lieutenant-général : « Mais ce n'est que dans leur généralité : *Nullus Deorum extra cœlum regnat, et finitæ sunt potestates.* Ce qui a lieu même à l'égard de ceux auxquels il est permis de demeurer hors leur généralité, *comme il y en a un certain nombre dans chacun bureau.* »

moraliste, et l'on en a parlé avec raison ; Saint-Simon
en fait grand éloge ; d'ailleurs, le plus bel-éloge qu'on en
puisse faire ne saurait égaler l'ingénu abandon de son
ouvrage à la jeune fille de son éditeur, qui en tira une
dot de 2 à 300,000 francs. Mais le désintéressement de
l'honnête homme ne saurait être suspect ni atteint,
parce qu'il aurait loyalement profité des bénéfices de la
loi autorisant certains priviléges. — Heureux est-on de
voir les priviléges favoriser de tels privilégiés. — Parmi
les gens de lettres contemporains de notre auteur, les
uns avaient des bénéfices, des abbayes, des canonicats;
d'autres avaient des pensions du roi ou des grands ;
d'autres, comme Jean Racine et Jean de La Bruyère,
avaient un office de trésorier, quitte à n'en pas remplir
strictement les assujettissantes obligations.

Suard est donc dans le vrai, quand il dit de La
Bruyère : « Il venait d'acheter une charge de trésorier
« de France à Caen, lorsque Bossuet le fit venir à Paris
« pour enseigner l'histoire à M. le Duc, et il resta
« jusqu'à la fin de sa vie attaché au prince en qualité
« d'*homme de lettres*. »

Être *homme de lettres*, honnête homme et poli, telle
est réellement la vraie profession, la vocation instinctive,
le parti-pris de Jean de La Bruyère qui, dans son chapitre de la *Cour*, prisait comme « le meilleur de tous
« les biens, s'il y a des biens, le *repos*, la *retraite* et un
« *endroit qui soit sa retraite*, » et qui écrivait, dans le
chapitre des *Jugements* : « avoir, s'il se peut, un *office*
« *lucratif* qui rende la *vie aimable*.....; écrire alors par
« jeu, par oisiveté et comme Tityre siffle ou joue de la
« flûte ; cela ou rien : j'écris à ces conditions. »

Mais il se peut que J. de La Bruyère ne se trouvât
pas encore assez libre, assez tranquille, puisqu'au mo-

ment de publier ses *Caractères*, il se démit de cet *office
lucratif*, qui avait contribué à lui rendre *la vie aimable.*
C'est, sans doute, en songeant à s'affranchir des en-
traves, bien peu gênantes pourtant, de sa charge, qu'il
écrivait, au chapitre du *Mérite personnel :* « Il faut en
« France beaucoup de fermeté et une grande étendue
« d'esprit pour se passer des charges et des emplois,
« et consentir ainsi à demeurer chez soi et à ne rien
« faire ; personne, presque, n'a assez de mérite pour
« jouer ce rôle avec dignité, ni assez de fond pour
« remplir le vide du temps, sans ce que le vulgaire
« appelle des affaires ; il ne manque cependant à l'*oi-
« siveté* du sage qu'un meilleur nom ; et que méditer,
« parler, lire et *être tranquille* s'appelât travailler. »

Mais nous anticipons ; car nous avons laissé Jean de
La Bruyère prêtant serment, en 1674, de remplir les
charges et devoirs de son office de *trésorier*, haranguant
ses nouveaux collègues de Rouen sur les fonctions qu'il
jurait d'accomplir avec suite, exactitude et ponctualité,
selon l'expresse formule ; puis nous l'avons vu, à la
même date de 1674, entrer dans la maison de M. le Duc.

Son séjour en Normandie dut être de bien courte
durée, et pourtant il lui parut assez long pour exciter
sa mauvaise humeur, au point de le faire manquer à la
politesse et au bon goût, lui qui avait, avec un vif
sentiment des convenances, le secret de ces deux qua-
lités essentielles à l'homme de lettres : « La ville dégoûte
de la *province*, » écrit-il en son chapitre de la *Cour*.
Il en veut à la province et à ses habitants qu'il stigmatise
en les rapprochant de la pire espèce des hommes ! « Les
« *provinciaux* et les *sots* sont toujours prêts à se fâcher. »
Ailleurs encore, il dit de « Cydias, bel esprit de pro-
« fession ; c'est en un mot un composé de pédant et de

« précieux fait pour être admiré de la *bourgeoisie et de*
« *la province ;* » — le rapprochement est cette fois plus
judicieux, sans être moins malveillant. L'humoristique
trésorier n'avait, du reste, pas moins de rancune contre
ses collègues, les gens de finances, que, dans son chapitre des *Biens de la fortune,* il veut persiffler : « Quelle
« majesté n'observent-ils pas à l'égard de ces hommes
« chétifs que leur mérite n'a ni placés ni enrichis ! »

S'il semble se vouloir détacher de semblables collègues,
à quelle époque cesse-t-il de figurer parmi ces gens de
finances qu'il dédaigne si amèrement, et combien de
temps consentit-il à être couché sur les *Estats au vray*
avec les autres *trésoriers de France ?* — Quelques jours de
recherches et de patience nous firent découvrir qu'à la
date du 23 novembre 1685, ses collègues MM. de Fontenay, Clément et de Gavrus payaient, au nom de Jean
de La Bruyère, 300 fr. pour sa *dispense des quarante
jours* (1) de l'office de trésorier pour l'année 1686. En
avançant dans les registres, nous trouvons que, le
5 janvier 1687, Charles-Frédéric de La Bonde, sieur
d'Iberville, paie finance du droit et marc d'or, pour se
pourvoir de l'office que Jean de La Bruyère résigne en
sa faveur. — Le 16 janvier 1687, le roi donne les lettres
de provision à M. de La Bonde, successeur de Jean de
La Bruyère, démissionnaire le 30 décembre 1686.

Notre moraliste occupa donc son office, ou du moins en
eut tous les droits et privilèges durant douze années et

(1) D'après les lois antérieures à 1604, époque à laquelle Sully établit
le *droit annuel* dit *paulette,* la transmission d'un office n'était valable
qu'autant que le possesseur qui le résignait, survivait quarante jours
au-delà de la transaction. Henri IV déclara que le décès du titulaire
n'entraînerait la déchéance que dans le cas où il n'aurait pas acquitté
la *paulette.*

quinze jours, c'est-à-dire du 1er janvier 1674 au 16 janvier 1687.

C'est du 8 octobre de la même année 1687, que date le privilége de la 1re. édition de son ouvrage ayant pour titre : *Les caractères de Théophraste, traduits du grec, avec les caractères ou les mœurs de ce siècle*, petit volume in-12 de 360 pages, publié sans nom d'auteur.

Ces dates, de 1674 et 1687, ne nous donnaient encore que des présomptions plus ou moins exactes pour déterminer l'âge de Jean de La Bruyère.

Il dit, en effet, dans sa 1re. édition : « Les deux tiers « de ma vie sont écoulés... ! » — Nous estimons qu'il limite la vie de l'homme à soixante ans, nous en avons la preuve dans ce passage du chapitre des *Esprits forts* : « La religion est vraie, ou elle est fausse : si elle n'est « qu'une vaine fiction, voilà, si l'on veut, *soixante* « *années* perdues pour l'homme de bien, le chartreux « et le solitaire. » — Et plus loin, voici qui est encore plus précis : « Il y a *quarante* ans que je n'étais point « et qu'il n'était point en moi de pouvoir jamais être, « comme il ne dépend pas de moi, qui suis une fois, de « n'être plus : j'ai donc commencé... »

Or, La Bruyère accuse *quarante ans* dans sa 1re. édition ; le privilége étant de 1687, il faut admettre une année, ou une année et demie pour les démarches, l'impression et les délais de l'Administration pour octroyer le privilége, ce qui reporterait la date de la naissance en 1646, ou à la fin de 1645.

Cette date, de 1646 ou 1645, rapprochée de celle de 1696, date certaine de sa mort, nous donnait cinquante ou cinquante-un ans, âge auquel Jean de La Bruyère fut atteint d'une attaque d'apoplexie foudroyante, comme le marquait justement son frère, déclarant que Jean de La Bruyère avait une cinquantaine d'années.

En résumant nos dates, nous trouvons qu'ayant acheté son office de trésorier en 1674 (pour ne prendre que la date de son entrée en jouissance); Jean de La Bruyère, si nous le faisons naître en 1646 ou fin de 1645, avait de vingt-huit à vingt-neuf ans, lors de son serment à la Chambre des comptes de Rouen, et au Bureau des finances de Caen. Il se démet de sa charge au commencement de la treizième année, c'est-à-dire en 1687 : nous obtenons quarante-un ans, et cela à l'époque où il publiait la 1re. édition de ses *Caractères*, dans laquelle il se donnait quarante ans; puis il meurt en 1696, nous atteignons bien exactement la cinquantaine accusée par son frère François.

Toutes nos conjectures circonscrivaient de plus en plus la date de la naissance de Jean de La Bruyère; mais ce n'étaient encore que des conjectures, qui, pour probables et vraisemblables qu'elles fussent, n'en étaient pas moins que des conjectures; et nous tenions à ce qu'un fait irrécusable, indiscutable démontrât nettement que le probable et le vraisemblable, que nous cherchions à établir, était la vérité et la réalité même.

Une nouvelle correspondance s'engagea cette fois avec notre collègue et confrère de Seine-et-Oise, dans le département duquel se trouve Dourdan, lieu réputé de la naissance de Jean de La Bruyère. Il en résulta que toutes les plus persévérantes investigations avaient abouti à prouver que jamais le nom de Jean de La Bruyère n'avait figuré sur les registres de la paroisse de Dourdan, non plus que sur les registres de l'État civil des paroisses circonvoisines, dont le studieux bibliothécaire de Versailles, M. Le Roi, avait compulsé tous les feuillets. Il en concluait que notre auteur devait être né à Paris, où résidaient ses père et mère. Son père, Louis de

La Bruyère, était contrôleur des rentes de la ville de
Paris. La conjecture de M. Le Roi fut justifiée par la
découverte inattendue que M. Jal, le savant historio-
graphe de la marine, fit, en cherchant ses marins, de
l'acte de baptême de Jean de La Bruyère.

En apprenant cette bonne nouvelle, nous nous em-
pressâmes de demander la date précise et le nom de la
paroisse. M. Jal, malgré le consciencieux travail qu'il
prépare depuis de longues années sur la famille des
de La Bruyère, eut la courtoisie de nous les indiquer,
avec cette généreuse libéralité des vrais savants qui,
loin d'imiter ces riches avares cachant leurs trésors à
tous les yeux, veulent au contraire libéralement faire
jouir les travailleurs et le public lettré de leurs heu-
reuses découvertes.— Une fois renseigné sur la paroisse
et la date, nous n'eûmes rien de plus pressé que d'aller
à Paris copier aux archives de la ville (avenue Victoria)
l'extrait de baptême de Jean de La Bruyère, qui figure
à la page 220 du registre de la paroisse St.-Christophe
en la Cité, à la date du 17 août 1645 (1).

La date officielle confirmait et justifiait toutes nos
conjectures chronologiques : aussi avons-nous tenu à
joindre à l'extrait de baptême l'extrait mortuaire (2) qui
avait paru dans la *Revue rétrospective*, à laquelle nous
devons tant de précieuses et intelligentes exhumations.

Nous avons donc maintenant toutes les dates de la
vie de l'auteur des *Caractères*.

---

(1) En parcourant le même registre, nous trouvâmes et copiâmes de
même l'extrait de baptême de son frère, François de La Bruyère, à la
date du 18 juillet 1646.

(2) Nous en devons le fac-simile à notre confrère et ami, M. Vatel,
avocat à Versailles, qui se fait le chevaleresque et infatigable historien
de Charlotte de Corday.

Jean, fils de noble homme Louis de La Bruyère et de demoiselle Isabelle Hamouyn, né à Paris, baptisé le 17 août 1645, en la paroisse de St.-Christophe en la Cité;

Achète, par acte passé en l'étude de Me. Le Normand, le 23 novembre 1673, l'office de trésorier de France au Bureau des finances de Caen, et en jouit à partir du 1er. janvier 1674;

Entre, vers la même époque, chez M. le Duc et, au commencement de 1687, se démet de son office et publie la même année la 1re. édition de ses *Caractères*, dont le succès lui valut sa nomination à l'Académie française, le 15 juin 1693; il ne jouit de cet honneur que trois années à peine, étant mort subitement, comme vient de mourir l'un de ses illustres successeurs (1), autre observateur, qui fit applaudir, sur toutes les scènes de l'Europe, la satire adoucie des mœurs de notre époque. Jean de La Bruyère fut comme foudroyé par l'apoplexie, le 11 mai 1696, à Versailles, après avoir vécu cinquante ans huit mois et vingt-cinq jours.

Ce sont là, sans doute, de bien minces détails que ces minuties chronologiques; mais j'ai pensé que l'exactitude, même dans les petites choses, pouvait avoir son importance, lorsqu'il s'agissait de l'un des maîtres de l'art de penser et d'écrire (2),— du plus académique

(1) M. Scribe, mort le 20 février 1861, d'une attaque d'apoplexie.

(2) « Personne plus que La Bruyère n'a pris au sérieux l'art d'écrire « et le rôle d'écrivain, » a dit excellemment M. Géruzez, dans son *Histoire de la littérature française*, qui se fait lire et relire, comme les modèles qu'il apprécie.— C'est l'œuvre et comme le testament d'un maître qui, vingt années durant, a su, par la finesse ingénieuse et la piquante originalité de ses aperçus, captiver un auditoire qu'il retenait par la sûreté de sa critique et la solidité de son enseignement.

des écrivains auxquels notre langue doit sa netteté , sa précision , ses tours à la fois vifs et serrés , son élégance châtiée et sa correction hardie;— enfin, de l'un des trésoriers les plus illustres du Bureau des finances de la généralité de Caen. J'ai cru que reconstituer les dates précises serait rendre un service, quelque modeste qu'il soit —(chacun offre ce qu'il peut),— aux nouveaux biographes de Jean de La Bruyère , qui ne répéteront plus , — espérons-le du moins, — avec Auger et autres , que « Jean de La Bruyère naquit en 1639 » (c'est-à-dire six années *avant* sa naissance), « à Dourdan »(où il n'est pas né), « et mourut le 10 août », c'est-à-dire trois mois *après* sa mort ; mais bien que, né à Paris le 16 ou 17 août 1645 , il mourut à Versailles le 11 mai 1696. Une erreur de date entraîne souvent des erreurs d'appréciation, surtout si l'on est curieux d'étudier au milieu de quelles influences littéraires s'est développé le génie d'un écrivain , né à une époque où notre langue française achevait son éducation et hâtait ses progrès , par la rapide succession des chefs-d'œuvre qui immortalisèrent notre XVIIe. siècle ; cet âge héroïque du bon sens et du bon goût en France.

PIÈCES JUSTIFICATIVES.

I.

Extrait des registres de baptêmes de la paroisse de St.-Christophe en la Cité.

Du jeudy dix-septiesme aoust 1645 a esté baptizé Jehan, fils de noble homme Lóys de La Brière, controlleur des rentes de la ville de Paris.

Et de demoiselle Izabelle Hamouyn, ses père et mère; lequel a esté tenu et eslevé sur les saints fonts baptismaux de St.-Xp[isto]phe par noble Jehan de la Brière, parain; la maraine fut dame Geneviefve Duboys, espouse de M^r. Dániel Hamouyn, et ont signé :

DE LA BRUYÈRE. — DE LA BRUYÈRE. — G. DUBOIS.

(Archives de l'Hôtel-de-Ville, à Paris.)

II.

En la presence des conseillers du roy, nottaires et gardes nottes de Sa Majesté, en son chastelet de Paris, soubz-signez; M^r. *Joseph Mélezeau*, demeurant rue de Richelieu, parroisse de St.-Rocq, porteur de la quittance de finance de M^r. du Metz, trésorier des *revenus casuels* de Sa Majesté pour l'office de conseiller du roy, trésorier de France et général des finances en la généralité de Caen, vacant par la mort de M^r. *Pierre Roussel*, lequel ne voullant se faire pourvoir dudit office a faict et constitué son procureur général et spécial, M^r. de ...., auquel il a donné pouvoir et puissance de pour lui en son nom disposer de la dite charge en faveur M^r. *Jean de La Bruyère, advocat,* sur laquelle il consent que toutes lettres de provisions et autres à ce nécessaires en soient expédiées, signées, scellées et délivrées au proffict dudit *de La Bruyere* et non d'autres, et généralement promettans et obligeans. Faict et passé à Paris, en l'estude de *Le Normand,* l'un des dits nottaires soubz-signez, l'an 1673, ce vingt troisième jour de novembre, après midy, et a signé : . . . . Signez : MELEZEAU. LE NORMAND.

(Archives du Calvados.)

III.

J'ai receu de M^r. *Jean de La Bruyère* la somme de *douze cents quatre vingts saize livres* pour les droict et marcq d'or de l'office de conseiller du Roy, *trésorier de France et général de ses finances en la généralité de Caen,* dont il entend se faire pourvoir sur la démission de M^r. *Joseph Melezeau,* qui l'avoit levé par la mort de *Pierre Roussel.* Fait à Paris, le XXVIIe. mars 1674, et plus bas est escript : « Quittance du trésorier général « du *marcq d'or* des ordres du Roy, année 1674. Signé : de « Moult ; » et au dos, est escript : « Enregistré au controlle général « du marcq d'or des ordres du Roy, par moi, conseiller de « Sa Majesté, et controlleur général dudit marcq d'or, à Paris, « le XXVIIIe. mars 1674. Signé : Chapellain de Billy ; » et au des- soubz : « Collationné aux originaux par moi conseiller secrétaire du Roy et de ses finances. » . « Signé : AUBOURG. »

(Archives du Calvados.)

IV.

Louis, par la grace de Dieu, roy de France et de Navarre, à tous ceux qui ces présentes lettres verront, salut. Savoir faisons que nous à plain confiant en la personne de notre cher et bien amé M^r. *Jean de La Bruyère, advocat au Parlementz,* en ses sens, suffisance, loyauté, prud'homme, expérience, au faict de

nos finances fidellité et affection à nostre service, à icelluy, pour
ces causes, avons donné et octroyé, donnons et octroyons par ces
présentes, *l'office de notre conseiller trésorier de France et
général de nos finances en la généralité de Caen*, vaccant par
la mort de deffunct Mʳ. *Pierre Roussel*, devenu paisible possesseur d'icelluy, lequel ayant esté levé en nos revenus casuels
par Mʳ. *Joseph Melezeau*, il en auroit passé sa procuration au
proffict dudit *de La Bruyère*, cy attachée soubz le contre-scel de
nostre chancellerie, pour ledit office *avoir, tenir, et doresnavant
exercer*, en *jouir* et *user, par ledit de La Bruyère*, aux *honneurs, auctoritez, prérogatives, prééminences, priviléges,
franchises, libertez, exemptions, gages, droicts et fruicts,
profficts, revenus et esmollumens*, audit office appartenans et y
attribuez, tels et semblables dont a joui ou deub jouir ledit
sieur Roussel, et jouissent les pourvus de semblables offices, tant
qu'il nous plaira, pourveu toutesfois qu'il n'aye audit Bureau des
finances aucuns parens ni alliez au degré prohibé par nos ordonnances, à peine de nullité des présentes et de sa réception.
Sy donnons en mandement à notre très cher et féal le sieur
D'Aligre, chevallier chancellier de France, prendre le serment du
dit de La Bruyère, et à nos amez et féaux conseillers les gens de
nos comptes à Rouen, présidens et trésoriers de France et généraux de nos finances au Bureau de Caen, qu'après estre apparu
à nos dites gens de nos comptes des bonnes vie, mœurs, conversation et relligion catholique, apostolique et romaine et aage
requis par nos ordonnances du dit de La Bruyère, et de luy
serment pris et receu tant par eux que par les dits présidens et
trésoriers de France, généraux de nos finances au dit Bureau de
Caen, en tel cas requis et accoustumé ils le mettent et instituent
en possession et jouissance du dit office, et d'icelluy, ensemble
des dits honneurs, authoritez, préeminences, priviléges, franchises,
libertez, exemptions, gages, droits, fruits, proffitz, revenus et
esmolluments y appartenant et attribuez, le facent, souffrent et
laissent jouir et user plainement et paisiblement, et à luy obeir et
entendre de tous ceux et ainsi qu'il appartiendra ez chozes con-

cernans le dit office, luy faisant nos dits trésoriers de France à Caen, payer au dit de La Bruyère, les gages et droits au dit office appartenans, par les receveurs généraux des finances, au dit lieu ou autres comptables qu'il appartiendra, à commencer du premier jour de janvier dernier, sur ses simples quittances, rapportant lesquelles avecq coppies des présentes, bien et duement collationnées pour une fois seullement, nous voullons les dits gages et droicts et tout ce qui lui aura esté payé à l'occasion du dit office estre passé et alloué en la despense de ceux qui en auront faict les payements par les dites gens de nos comptes à Rouen, ausquels mandons aussy le faire sans difficulté, car tel est nostre plaisir. En tesmoing de quoy nous avons faict mettre nostre scel, à ces dites présentes données à Versailles, le xxixe. jour de mars 1674, et de nostre règne le xxxie., signées sur le reply : par le roy, « Aubourg », et scellées d'un grand sceau de Sa Majesté en cire jaulne, et à costé sur le dit reply est encore escript : « Le dit « Mr. Jean de la Bruyère a esté receu à l'estat et office mentionnés « au blancq, et d'icelluy faict et presté le serment, le cas requis « et accoustumé en la Chambre des comptes de Normandie, et « consentant le procureur général du roy, information préala- « blement faicte sur ses âge, vie, mœurs, vacation (*sic*), relligion, « estraction, comportemens et moyens, à la charge de garder et « observer les ordonnances et d'obéir aux arrests et réglements « de la dite Chambre. Fait, les semestres assemblez, ce treizième « jour de septembre 1674. »   « Signé : TESSON. »

(Archives du Calvados.)

v.

Les semestres avaient été termés, dès le 23 août 1674, pour la réception de La Bruyère ; mais l'assemblée ne s'était trouvée en nombre suffisant ; de là un retard.

vi.

Le 11 septembre seulement avait été rendu le jugement de

l'information faite sur l'âge, vie, mœurs, vaccation, religion, extraction, comportements, et moyens de Jean de La Bruyère. Le rapport avait été fait par Mr. Robert, conseiller maître.

VII.

« Monsieur de La Place, président, a représenté que les semestres ont été termez à ce jour pour la reception de M. Jean de La Bruyère, advocat au Parlement de Paris, pourveu de l'office de conseiller du roy, trésorier de France, à Caen, au lieu et place de Me. Pierre Roussel, après quoy il a esté ordonné à Me. Michel Tesson, commis au greffe de la Chambre, tenant le plumitif d'aller querir le dit de La Bruyère, ce qu'ayant fait et icelluy parvenu jusque au banc de Messieurs les Présidents, après les salutations ordinaires et accoustumées, il a supplié la Chambre, par une harangue qu'il a faicte en françois, de le recevoir au serment du dit office après quoy a esté interrogé sur la fonction de sa charge et les finances, premièrement par Messieurs les Présidents, puis par plusieurs de Messieurs les Conseillers maistres, et ce fait le dit Bruyère a esté conduit au Parquet pendant que l'on desliberoit sur la dite reception, la Chambre a ordonné que le dit Bruyère sera receu au serment du dit office de trésorier de France en la généralité de Caen, à la charge de garder et observer les ordonnances et d'obeyr aux arrests et reiglements de la dite Chambre, suivant lequel arrest le dit de la Bruyère de rechef introduit au Bureau a fait et presté le serment susdit entre les mains de Mr. de La Place, président, sur le livre ouvert des Sainctes Évangilles qui estoit sur le banc du dit Bureau ayant les deux mains estendues sur icelluy, puis s'est levé de sa séance Me. Baillard, doyen de MM. les Conseillers maistres, et a esté placer le dit de la Bruyère sur le dernier banc de MM. les Conseillers maistres, et ensuite repris sa séance. »

(Archives de la Seine-Inférieure.)

VIII.

Sur la requeste à nous cejourd'huy présentée par Monsieur Jean de la Bruyère, pourveu par le Roy à l'office de conseiller de Sa Majesté, trésorier général de France en ce Bureau, au lieu et place du deffunt, Mr. Pierre Roussel, tendant à ce qu'il nous pleust voir ses lettres de provision audit office, données à Paris, le XXIXe. mars dernier ; les quictances de finance et marcq d'or payées pour icelluy ; comme aussy l'arrest de sa réception en la Chambre des Comptes de ceste province du traize{e}. jour de septembre aussy dernier ; en ordonner l'enregistrement ez registres du greffe du Bureau, et ce faisant, le recevoir au service dudit office, l'installer en la fonction et exercice d'icelluy et luy donner place au dit Bureau aux fins dessus dictes ; ensemble le faire jouir des gages, droicts et augmentations attribuez à son dit office. Veu la dite requeste, les dictes lettres de provision données à Paris ledit jour XXXI (*sic*) mars dernier, les quictances de finance et marcq d'or payées pour ledit office, ensemble les dits arrest de sa réception en la Chambre des Comptes de Rouen du dit XIIIe. septembre, ayans sur ce délibéré, et après que le dit sr. de la Bruyère entré en ce Bureau, et que lecture luy a esté faicte des articles concernans les réglemens et fonctions de nos charges, lesquels il a promis et juré iceux garder, suivre et observer ponctuellement mesmes de porter respecq aux anciens reçus.

Nous avons icelluy, sr. de la Bruyère, receu et installé en cest Bureau, en la fonction et exercice du dit office de trésorier de France nouvellement créé (1) par les Edicts de Sa Majesté des

(1) Voir le registre de l'enregistrement de 1672-1676 du Bureau des finances de Caen.

Des édits des mois de mars 1667, d'août 1669, de février 1672 et un arrêt du 20 septembre 1672 avaient réduit à dix le nombre des membres du Bureau des finances, à Caen.

Mais une déclaration royale du Conseil d'État, en date du 18 décembre 1672 enregistrée en Parlement de Rouen à la date du 1er. mars 1673, rétablit le nombre de quinze trésoriers de France, généraux des finances au bureau de Caen et les admet au paiement du droict annuel de leurs offices durant huit années consécutives, à partir du 1er. janvier 1673.

mois de febvrier et mars 1673, et à luy donné place en la séance d'icelluy en son rang et ordre pour l'exercer avecq nous aux charges ordinaires et jouir des gages et droicts y attribuez; à laquelle fin, mandons et ordonnons aux receveurs et commis à la recepte générale des finances de ceste generalité, chacun en l'année de son exercice, faire paiement au dit s^r. de la Bruyère desdits gages et droicts doresnavant par chacun an, aux termes et en la manière accoustumés à proportion des fonds qui en ont esté et seront laissez par les Estats de Sa Majesté, à commencer comme du premier janvier, conformément aux dites lettres de provision lesquelles seront registrées ez registres du greffe du Bureau, ensemble les dictes quictances de finance, marcq d'or et arrest de réception, et seront sur le tout nos lettres d'attache nécessaires expédiées ainsy qu'il est accoustumé. Donné, etc.

(Archives du Calvados.)

IX.

Estat au vray de la recepte et despence faictes par M^r. Pierre Gruyn, escuier, conseiller du roy, receveur général des finances de Caen, en exercice l'année 1685.

Autre dépense à cause des gages, augmentation et droits de Messieurs les trésoriers de France et autres officiers du Bureau des finances de ladite généralité de Caen, pendant ladite année 1685.

A M. Jean de la Bruyère, conseiller du roy, trésorier de France au dit bureau, la somme de deux mil trois cents quarente-huit livres dix sols, pour les dits gages et droits par sa quittance du trente août 1636.

Cy raportée, cy . . . . IIg. IIIc. XLVIII^{tt} Xs.

2,348 livres 10 sols.

(Archives du Calvados.)

X.

Du registre du controlle général des finances des quittances de l'annuel payé (1), par les officiers de la généralité pour l'année

(1) Impôt annuel du 60e. du prix de leur charge que les magistrats payaient pour devenir propriétaires de leurs offices.

1686, a esté extrait ce qui ensuit : une quittance du 23 novembre 1685, signé : « Lefoüin » qui a receu de Jean de la Bruyère, conseiller du roy, trésorier général de France au Bureau de la généralité de Caen, par les mains de Messieurs de Fontenay, Clément et de Gavrus présens, payant la somme de trois cents livres, à laquelle il a esté taxé au Conseil du roy, pour jouir par luy, sa veuve ou héritiers, durant l'année 1686, de la dispence des quarante jours (1) de son dit office suivant les déclarations des 30 octobre 1683, 28 mars et 20 avril 1684 et arrest du Conseil du 13 octobre dernier, cy iiie ₶. — Extrait et collationné sur le dit registre par nous, conseiller, secrétaire du roy, commis par Monseigneur Le Peletier, conseiller ordinaire de Sa Majesté en tous ses conseils et au conseil royal, controlleur général des finances de France à Paris, le 20 octobre.   Signé : A[kakia.]

(Archives du Calvados.)

<h3 align="center">XI.</h3>

J'ay receu de M^r. Charles François de la Bonde la somme de trois mil trois cents livres, savoir : iii g. en principal et iii c. pour les ii s. pour livres pour la résignation de l'office de conseiller du roy et trésorier de France, et général de ses finances en la généralité de Caen aux gages et droits y appartenants, faite par M^r. Jean de la Bruyère, qui a payé le droit annuel au profit du dit de la Bonde, de la présente quittance expédiée en conséquence de l'arrest du Conseil du 28 décembre 1686, nonobstant qu'il y ait un pareil office vaccant aux revenus casuels. — Fait à Paris, le trente décembre 1686 ; signé : Richer, et au dos : « Enregistrées « au controlle général des finances par nous, conseiller ordinaire « du roy et au conseil royal, controlleur général des finances de

---

(1) D'après les lois antérieures à 1604, époque à laquelle Sully établit le droit annuel, dit *paulette*, la transmission d'un office n'était valable qu'autant que le possesseur qui le résignait survivait 40 jours à la transaction. Henri IV déclara que le décès du titulaire n'entraînerait la déchéance que dans le cas où il n'aurait pas acquitté la *paulette* ou droit annuel.

« France, à Versailles, le unzième jour de janvier 1687. » Signé :
« Le Peletier. »

(Archives du Calvados.)

XII.

J'ay receu de M. Jean (1) de la Bonde la somme de douze cents
quatre vingt seize livres pour le droit de marc d'or de l'office de
conseiller du roy, trésorier de France, général de ses finances en
la généralité de Caen, dont il entend se faire pourvoir sur la résignation de M. Jean de la Bruyère, dernier possesseur. Fait à Paris,
le cinq^e. jour de janvier 1687. Signé: Damond, et au dos : « Enre-
« gistrée au controlle général du marc d'or des ordinaires de Sa
« Majesté, par nous, conseiller du roy, controlleur général du dit
« marc d'or à Paris, le huit^e. jour de janvier 1687. »

Signé : BOUSSELIN.

Et « collationné aux originaux par nous, conseiller, secrétaire
« du roy, maison couronne de France et de ses finances. »

Signé : LEFEBVRE.

(Archives du Calvados.)

XIII.

Louis, par la grâce de Dieu, roy de France et de Navarre, à
tous ceux qui ces présentes lettres verront, salut Mettant en
considération les bons et agréables services qui nous ont esté
rendus et que continue de nous rendre actuellement notre cher et
bien amé M^r. Charles François de La Bonde, s^r. d'Iberville, en
divers emplois importants qui luy ont esté confiez en qualité de
commis de notre très cher et féal s^r. de Colbert, marquis de
Croissy, ministre et secrétaire d'État et de nos commandements,
durant l'espace de huit ans de services continuels, dans lequel
employ il nous a donné des preuves de sa capacité et d'une très-
grande fidélité et affection pour notre service ; et lui voulant

---

(1) Erreur du greffier, c'est Charles-François de La Bonde.

donner des marques de la satisfaction qui nous en reste, sçavoir
faisons que pour (*sic*) ces causes et autres à ce nous mouveans,
nous luy avons donné et octroyé, donnons et octroyons par ces
présentes l'office de notre conseiller, trésorier de France général
de nos finances en la généralité de Caen, que tenoit et exerçoit
M^r. Jean de La Bruyère, dernier paisible possesseur du dit office,
qui s'en est volontairement démis en faveur du dit de La Bonde,
par son procureur suffisamment fondé de procuration spécialle ;
quant à cecy, attachez soubz le contrescel de nostre chancellerie
pour le dit office. avoir, tenir et doresnavant exercer, en jouir et
user par le dit de La Bonde, aux honneurs, aucthoritez, prérogatives, préeminences, franchises, libertez, fonctions, priviléges,
exemptions, gages, droicts, fruits, profficts, revenus et esmolu-
ments accoustumez, et au dit office appartenants, tels et semblables qu'en a joüy ou deub jouir le dit de La Bruyère et qu'en
jouissent les autres pourveus de pareils offices, tant qu'il nous
plaira, encore que le dit de La Bruyère ne vive les quarante jours
portez par nos ordonnances, de la règle desquelles, attendu l'annuel pour ce payé, nous avons relevé et dispensé le dit de La
Bonde, pourveu toutes fois qu'il n'ait dans le nombre des officiers
du Bureau des finances de la généralité de Caen, aucuns parens
ny alliez au degré prohibé par nos ordonnances, et qu'il ait atteint
l'aage de vingt cinq ans accomplis ainsy qu'il nous apert par l'extrait de son baptistaire, en date du 22e. janvier 1653, et par le cer-
tifficat du 1er. jour de janvier présent mois et an, les dits extrait de
baptistaire et certifficats cy attachez sous notre contrescel, à peine
de nullité des presentes, pertes de sa reception et autres peines
portez par les édits et règlements sur ce intervenus. Si donnons en
mandement à notre très cher et féal le sieur Boucherat, chevalier,
chancelier de France, de prendre et recevoir le serment dudit de La
Bonde, et à nos amez et féaux conseillers les gens tenant la Chambre
de nos comptes à Rouen, présidens et trésoriers de France, généraux
de nos finances au dit bureau de Caen, qu'après estre aparus aus
dites gens de nos comptes des bonnes vie, mœurs, aage susdit de
vingt cinq ans accomplis, conversation, religion catholique, apos-

tolique et romaine du dit de La Bonde, et de luy pris et receu
tant les dites gens de nos comptes que trésoriers de France au dit
bureau, le serment en tel cas requis et accoustumé, ils le recoivent,
mettent et instituent ou fassent mettre et instituer, de par nous,
en possession et jouissance du dit office et d'iceluy ensemble des
honneurs, fonctions, privilèges, exemptions, gages et droits
dessus dits, le fassent, souffrent et laissent jouir et user plainement
et paisiblement, et le faisant obéir et entendre de tous ceux et
ainsy qu'il appartiendra ès choses touchantes et consernant le dit
office, luy faisant par nos dits trésoriers de France au dit bureau
paier les gages et droits au dit office apartenants par les receveurs
généraux de nos finances en la dite généralité ou autres comptables qu'il appartiendra aux termes et en la manière accoustumés
à commencer du jour et datte de sa réception, raportant copies
des présentes, deubment collationnées pour une fois seulement,
avec quittance du dit de La Bonde, sur ce suffisante ; nous voulons
les dits gages et droits, et tout ce qui luy aura esté payé à l'occasion
susdite estre passé et alloué en la dépence des comptes de ceux
qui en auront fait le payement, déduit et rabatu de leur receptes
par vous, dites gens de nos comptes, ausquels mandons ainsy le
faire sans difficulté ; car tel est notre plaisir. En tesmoing de quoy
nous avons fait mettre notre scel à ces dites présentes.

Donné à Versailles, le saize jour de janvier, l'an de grâce 1687
et de notre règne le 44e, et sur le reply est escript : « Par le roy :
Lefebvre », et à costé : aujourd'huy, 16e. jour de janvier 1687. le
dit sieur d'Iberville, desnommé aux présentes, a fait et presté serment, estant tenu de faire au roy. à cause de son dit office de trésorier de France, général des finances au bureau de Caen, entre
les mains de Monsieur Boucherat, chancelier de France, nous,
conseiller, secrétaire du roy, maison couronne de France et de
ses finances présent, signé, Martin et à costé : « Le dit M. Charles
« François de La Bonde desnommé au blanc des présentes a esté
« receu à l'estat et office de conseiller du roy, trésorier de France
« et général de ses finances en la généralité de Caen, ce con-
« sentant le procureur général du roy, en la Chambre des

« comptes de Normandie, information préalablement faite sur les
« aage, vie, mœurs, religion catholique, apostolique et romaine,
« vaccation, comportements et moyens, suivant l'arrest de la
« dite Chambre de ce jour. Fait, les semestres assemblés, le
« sixième jour de septembre 1688. »   Signé : MARTIN.

(Archives du Calvados.)

XIV.

Veü au Bureau copies collationnées « Mignon, » conseiller
secrétaire du Roy, de lettres-patentes de Sa Majesté, données à
Versailles, le seize janvier 1687, par lesquelles Sa Majesté a donné
et octroyé à Mr. Charles François de La Bonde, sieur d'Iberville,
l'office de son conseiller trésorier de France, général de ses
finances en la généralité de Caen, que tenoit et exerçoit Mr. Jean
de La Bruyère, dernier possesseur, et d'arrest du Conseil d'Estat
du vingt-trois decembre dernier, portant entr'autres choses que
les gages attribués à l'office du dit de La Bonde, depuis le dit jour
seize janvier 1687, lui seroient payées sur ses simples quittances
par les receveurs generaux des finances de cette généralité, en
exercice la dite année 1687 et la présente 1688, a quoy faire ils
séroient contraincts comme pour denier royaux. Sur quoy ayant
délibéré, nous avons ordonné que le tout sera registré es registres
du greffe de ce bureau pour estre executté selon sa forme et teneur
y avoir recours en cas de besoin, et estre paié par le dit de La
Bonde, des gages et droitz attribués au dit office.

(Archives du Calvados.)

XV.

Mr Charles François de La Bonde, sieur d'Iberville, pourveu
au lieu et place de M. Jean de La Bruyère à l'office de conseiller
du Roy, trésorier de France et général de ses finances au dit
bureau, par lettre du 16 janvier 1687, en vertu desquelles il n'a
encore esté receu, mais a obtenu un arrest du Conseil du 23 décembre 1687, portant que ses gages de la dite année et ceux de
la présente luy seroient payés sur ses simples quittances à charge

néantmoins de se faire recevoir dans le courant de la dite présente année.

(Archives du Calvados.)

XVI.

Louis, par la grâce de Dieu, roy de France et de Navarre, à nos amez et féaux conseillers les gens tenants la Chambre des comptes à Rouen, présidents et trésoriers généraux de France au Bureau de nos finances à Caen, salut ; notre très cher et bien amé Charles François de La Bonde, sieur d'Iberville, par nous nommé pour notre président près la république de Geneve, nous fait remonstrer que, par nos lettres de provisions données à Versailles le seize janvier 1687, nous l'aurions pourveu de l'office de notre conseiller trésorier de France, général de nos finances au dit bureau de Caen, au lieu de M^r. Jean de La Bruyère auquel office il n'a peu se faire recevoir, ayant depuis le dit temps toujours esté occupé à notre service, près de notre personne, dans nos affaires les plus importantes et d'autant que vous pourriez faire difficulté de procéder à sa réception au dit office, attendu que nos dites lettres sont surannées, il nous a très humblement fait supplier luy vouloir sur ce pourvoir. A ces causes, voulant favorablement traiter le dit exposant, en considération de ses services et luy donner lieu de nous les continuer, après avoir fait voir en notre Conseil les dites lettres de provision cy attachez sous le contrescel de notre chancellerie, nous vous mandons de procéder à sa réception au dit office ainsy qu'il vous est mandé par nos dites lettres de provisions, et ce nonobstant sans vous arrester à la surannation d'icelle que ne voulons nuire ny préjudicier au dit S^r. d'Iberville, et dont nous l'avons relevé et relevons par ces présentes, car tel est notre plaisir. Donné à Versailles, le 2e. jour de septembre l'an de grace 1688, et de notre reigne le 46. Et plus bas : par le roy en son Conseil,   Lefebvre.

(Archives du Calvados.)

XVII.

Ce douzieme may mil six cent quatre ving seize, Jean de La Bruiere, escuyer gentilhomme de Monseigneur Le Duc, agé de cinquante ans ou environ, est decedé à l'hostel de Condé le unzieme du mois et an que dessus et inhumé le lendemain dans la vielle église de la paroisse par moi soubsigné prestre de la Congregation de la maison de la mission faisant les fonctions curiales, en presence de Robert Pierre de La Bruiere, son frère, et de messire Charle Laboreys de . . . ., aumonisnier de son altesse la Ducesse qui ont signez, et de monsieur Huguet, consierge de l'hostel de Condey, qui a signé.

C. LABOREYS.   DE LA BRUYÈRE.
HUGUET.   PH. CANAPLE.
(Archives de Seine-et-Oise.)

DOCUMENTS INÉDITS.

Relatifs à l'office de conseiller du roi, trésorier de France, général des finances en la généralité de Caen, au bureau de Caen, acheté, occupé et vendu par Jean de La Bruyère.

I. Extrait de baptême de Jean de la Bruyère.

II. Acte pardevant notaire de la démission dudit office par M. Joseph Mélezeau, en faveur de Jean de la Bruyère, acquéreur dudit office.

III. Quittance des droits et marc d'or dudit office, payés par Jean de la Bruyère, à savoir, 1,296 liv.

IV. Lettres-patentes du roi (Louis XIV) instituant Jean de la Bruyère avocat au Parlement, à l'office de son conseiller, trésorier de France et général de ses finances en la généralité de Caen, vacant par la mort de feu Pierre Roussel et la démission de Joseph Mélezeau.

V. Les semestres de la Chambre des Comptes, à Rouen, furent termés le 23 août pour la réception de M. Jean de la Bruyère, mais l'assemblée ne se trouva point en nombre suffisant.

VI. Rapport de l'information sur les âge, vie, mœurs, vaccation, religion, extraction, comportements et moyens de Jean de la Bruyère.

VII. Réception de Jean de la Bruyère et son serment à la Chambre des Comptes à Rouen.

(Pièce extraite du plumitif de la Chambre des Comptes).

(Archives de la Seine-Inférieure.)

VIII. Examen de toutes les pièces relatives à la nomination de Jean de la Bruyère, faite par le bureau des finances, à Caen.

Jean de la Bruyère admis au serment.

Son installation et son admission définitive avec tous les droits et prérogatives, à partir du 1er. janvier 1674.

(Extrait du registre des délibérations du bureau des finances.)

(Archives du Calvados.)

IX. Honoraires de l'office de trésorier de Jean de la Bruyère, 2,348 liv. 10 s.

X. Annuel pour l'exercice de 1686. payé, au nom de Jean de la Bruyère, par MM. de Fontenay, Clément et de Gavrus.

XI. Démission de Jean de la Bruyère en faveur de M. Ch. Fr. de la Bonde, sieur d'Iberville, qui paye 3,300 liv. aux revenus casuels.

XII. Droit et marc d'or payés par Ch. Fr. de la Bonde.

XIII. Lettres de provision de Louis XIV accordées au sieur de la Bonde, successeur de Jean de la Bruyère.

XIV. Délibération du bureau des finances de Caen.

XV. Extrait de l'état des noms des membres du bureau des finances.

XVI. Lettres de surannation de Louis XIV, déclarant que le sieur d'Iberville recevra ses honoraires à partir du 16 janvier 1687.

XVII. Extrait mortuaire de Jean de la Bruyère.

Caen, typ. de A. Hardel.

www.ingramcontent.com/pod-product-compliance
Lightning Source LLC
Chambersburg PA
CBHW070827160726
PP18578800001B/65